AF548961

Pablo Neruda

Dich suchte ich

Pablo Neruda

Dich suchte ich

Nachgelassene Gedichte

Aus dem Spanischen
von Susanne Lange

Luchterhand

Einführung

Seit 1986 widmet sich die Fundación Pablo Neruda der Aufgabe, den Nachlass des Dichters zu bewahren und zu schützen. Dazu gehört eine reichhaltige Sammlung von Originalmanuskripten und Typoskripten. Diese Dokumente werden in besonderen Kassetten aufbewahrt, die das Papier konservieren. Sie befinden sich in einer Stahlkammer, in der Feuchtigkeit und Temperatur streng reguliert und alle Sicherheitsmaßnahmen befolgt werden, die man für derlei Schriftstücke empfiehlt.

Die in diesem Band erstmals veröffentlichten Gedichte sind der Witwe des Dichters, Matilde Urrutia, bei ihrer Durchsicht entgangen. Sie hatte die Sammlung als Erste geordnet und sich auch als Erste auf die Suche nach weiteren Texten begeben, die noch unveröffentlicht oder in schwer auffindbaren Zeitungen erschienen waren. Trotz Matilde Urrutias sorgfältiger Arbeit warteten einige Gedichte weiterhin auf ihre Veröffentlichung.

Im Juni 2011 begann die Fundación Pablo Neruda damit, die Originalmanuskripte und Typoskripte vollständig zu katalogisieren, mit einer detaillierten Beschreibung der einzelnen Dokumente und der Angabe, in welchem Band sie zuerst erschienen waren. Ebenso wurde überprüft, ob die Texte vollständig waren oder lediglich Fragmente, und man verglich sie mit den veröffentlichten Versionen. Jedes einzelne Stück Papier wurde begutachtet, und dabei kam es zu überraschenden Funden.

Es war eine außergewöhnliche Reise ins Innere von Nerudas Dichtung, zurück zu ihrem Ursprungsmaterial. Durch die Arbeit mit den Originalen war man ganz nah am Puls des Dichters. Man konnte zurückgehen bis zum Entstehungsmoment der dichterischen Schöpfung. In seinem Buch *Beben des Meeres* beschreibt Neruda die Organismen und Überreste, die das Meer an den Strand spült. Beim Eintauchen in seine Manuskripte hatten wir manchmal das Gefühl, als glitten Verswellen über das Papier, die bei ihrem Rückzug die verworfenen, korrigierten

Wörter mitnahmen und eine immer vollendetere Version des Gedichts zurückließen.

Besonders interessant war der Einblick in die handschriftlichen Entwürfe, die wahrscheinlich erste Gedichtversionen darstellten. Die Verszeilen weisen dabei mal schräg nach oben, mal schräg nach unten, sind hier und da von Streichungen oder Korrekturen unterbrochen.

Wir konnten uns auch ein Bild von weiteren Details machen, etwa von den Schreibutensilien, mit denen der Dichter arbeitete: Schulhefte der fünfziger und sechziger Jahre, Blöcke in verschiedenen Größen, manche im Ausland hergestellt, lose Blätter, verschiedenfarbige Tinten. Manchmal schrieb er auch auf den Speisekarten und Konzertprogrammen der Schiffe, auf denen er reiste. Seine Verse zwängen sich zwischen die Auswahl der Vorspeisen, der Hauptgänge, des Nachtischs und der Weine.

Auf einigen Typoskripten finden sich zahlreiche handschriftliche Korrekturen des Dichters. Manche Gedichte sind dagegen unberührt oder zeigen nur minimale Eingriffe. Der Weg zur gedruckten Fassung führte über Handschrift und Tinte, über das Farbband und über das Tippen auf Durchschlagpapier.

Einige wenige Gedichte schienen sich zu weigern, diesen Weg bis zum Ende zu gehen. Ihr

Ausnahmecharakter macht sie besonders interessant. Nichts deutete auf ihren besonderen Status hin, bislang unveröffentlicht geblieben zu sein. Wir suchten wieder und wieder, erwarteten, sie in einem von Nerudas zahlreichen Lyrikbänden zu finden oder in den Sammelbänden seiner verstreuten Veröffentlichungen, ohne Ergebnis. Als hätten sie sich im Urwald der Originale versteckt, sich unter abertausend Blättern, abertausend Wörtern getarnt, um siegreich unentdeckt zu bleiben.

Diese unveröffentlichten Gedichte entstanden über einen langen Zeitraum, von den frühen fünfziger Jahren bis 1973, kurz vor dem Tod des Dichters. Die Abschrift folgt exakt dem Originaltext. Nur Akzente wurden in eindeutigen Fällen gesetzt, ansonsten haben wir die ursprüngliche Orthographie respektiert, vor allem die fehlenden Satzzeichen. Die Faksimiles im Anhang zeigen einige der handschriftlichen Fassungen und bieten einen kleinen Überblick über die Vielfalt der Papiere, auf die sie geschrieben wurden. Der Anmerkungsteil am Ende des Buches beschreibt die Besonderheiten eines jeden der gefundenen Manuskripte und gibt Hinweise zu ihrer Datierung und Situierung im Werk Pablo Nerudas. Es soll jedoch betont werden, dass es sich nicht um Varianten bereits veröffentlichter

Gedichte handelt. Die Texte stehen für sich, und jeder einzelne findet seinen Platz unter den großen Themen Nerudas: die Liebe, Chiles Natur, die Welt und die Dinge, die sie bevölkern, Nerudas eigene Biographie, die Pflichten des Dichters, das Reisen, der Mensch und sein Handwerk, seine Arbeit, die Selbstporträts.

Aufgrund ihrer literarischen Qualität und Bedeutung verdienen diese Gedichte zweifellos, ins gedruckte Werk Pablo Nerudas einzugehen. Sie zeigen ihn erneut als unerschöpflichen Dichter. Unerschöpflich nicht nur, weil unveröffentlichte Texte von seiner Hand aufgetaucht sind – ein seltener Fund und ein literarisches Ereignis ersten Ranges –, sondern weil sie neue Lesarten erschließen und zahlreiche, vielfältige Wiederbegegnungen mit seinem umfangreichen Werk ermöglichen.

Darío Oses
Leiter der Bibliothek und des Archivs
der Fundación Pablo Neruda

Liebesgedichte

I

Deine Füße fasse ich im Schatten, deine Hände im Licht,
und im Flug leiten mich deine Adleraugen
Matilde, die Küsse, die dein Mund mich lehrte,
lehrten meine Lippen das Feuer.
O Beine, Erbteil des idealen Hafers
Feldfrucht, Fortsetzung der Schlacht
Herz der Wiese,
als ich meine Ohren an deine Brüste legte,
verkündete mein Blut* deine araukanische Silbe.

* Unlesbar (A. d. H.)

2

Niemals allein, mit dir
über die Erde,
durch das Feuer.
Niemals allein.
Mit dir durch die Wälder,
den tauben
Pfeil
der Morgenröte
pflücken,
das zarte Moos
des Frühlings.
Mit dir
in meiner Schlacht,
nicht die von mir erwählte
sondern
die einzige.

Mit dir durch die Straßen
und den Sand, mit dir
die Liebe, die Müdigkeit,
das Brot, der Wein,
die Armut und die Sonne einer Münze,
die Wunden, das Leid,
die Freude.
Das ganze Licht, der Schatten,
die Sterne,
der ganze gemähte Weizen,
der Blütenkorb
der Riesensonnenblume, gebeugt
von der eigenen Fülle, der Flug
des Kormorans, genagelt
an den Himmel
wie ein Seekreuz,
der ganze
Raum, der Herbst, die Nelken,
niemals allein, mit dir.
Niemals allein, mit dir, Erde
Mit dir das Meer, das Leben,
was ich bin, was ich gebe, was ich singe,
dieser Stoff
Liebe, die Erde,
das Meer,
das Brot, das Leben.

3

Wo bist du hin Hast was getan
Ach Liebste
als durch diese Tür
nicht du tratst, nur der Schatten,
der Tag,
der sich verbrauchte, all das
was du nicht bist,
dich suchte ich
in allen Winkeln,
mir schien
du wärst in der Uhr, vielleicht
versteckt im Spiegel,
hättest dein verrücktes Lachen
eingefaltet
damit
es hervorspringe

hinter dem Aschenbecher
du warst nicht da, nicht dein Lachen
nicht dein Haar
nicht deiner schnellen Schritte
Lauf.

4

Was reicht deiner goldenen Hand das singende
  Herbstblatt
oder bist du es, die Asche streut in die Augen
  des Himmels
oder schenkte dir der Apfel sein duftendes Licht
oder wähltest du die Farbe des Ozeans,
  verschworen mit der Woge?

Seinen Gesetzen folgend wechselte der Regen das
  Wesen
der Klage, stürzte und erhob, erzog das bittere
  Schweigen
mit Lanzen, die Wind und Zeit verwandeln in
  Blätter und Düfte
und man weiß, der begeisterte Tag, der dahinjagt
  in seinem Wagen aus Weizen

ist die fahrende Blüte eines Sekels Schatten in der
Welt
und ich frage mich, ob nicht du eifrig webst am
verborgenen Zinn
des weißen Schiffs, das die nächtliche Nacht
durchfurcht
oder ob nicht dein winziges Blut die Farbe des
Pfirsichs gebiert
ob deine tiefen Hände nicht die Flüsse zum
Fließen bringen
ob deine offenen Augen nicht mitten am
Sommerhimmel
das gelbe Schwert der Sonne zur Erde schicken.
Ihr Blitz durchfährt deinen lockenden Wipfel,
durchwandert
Dünen, Blüten, Vulkane, Jasmine, Wüsten,
Wurzeln
trägt deine Essenz zu den Eiern des Waldes,
zur wütenden Rose
der Hummeln, Wespen, Löwen, Schlangen, Falken
und es beißen und stechen und bohren und
brechen deine Augen voll Tränen
denn eben dein Samen in der Erde, dein wilder
Eierstock
verbreitete über die Erde die Sprache der zornigen
Sonne.
Lass deine reine Hüfte ruhen und den Bogen
feuchter Pfeile

in der Nacht breite aus die Blätter, die deine Form
nachformen
mögen deine tönernen Beine das Schweigen
erklimmen, seine helle Leiter
Sprosse für Sprosse, gemeinsam mit mir im Flug
durch den Traum
und ich spüre, du steigst empor im schattigen Baum,
der im Schatten singt.
Dunkel ist die Nacht der Welt ohne dich, Geliebte,
kaum erkenne ich den Ursprung, verstehe kaum die
Sprache,
entschlüssele mühsam nur die Blätter des
Eukalyptus.

Wenn du deinen Leib ausbreitest und auf einmal im
schattigen Schatten
dein Blut emporsteigt im Fluss der Zeit und ich höre
wie die Kaskade des Himmels durch meine Liebe
fährt
und du Teil bist des eilenden Feuers, das meinen
Stammbaum schreibt
dann gewähre mir dein goldenes Leben den Zweig,
den ich brauche,
die Blume, die das Leben lenkt und fortführt,
den Weizen, der im Brot verstirbt und Leben
austeilt,
den Lehm, der die sanftesten Finger der Welt besitzt,
die Züge, die durch wilde Städte pfeifen,

die Summe der Levkojen, das Gewicht des Goldes
in der Erde,
die Gischt, die dem Schiff folgt, entstehend,
ersterbend, und den Flügel
des Seevogels, der in die Welle fliegt wie in einen
Glockenturm.

Ich führe den engen Blick über das Grauen der
Gegend
über die Vulkane, die einst das Urfeuer waren,
die Agonie,
die Wälder, die bis zur Asche verbrannten samt
Puma und Vogel,
und du, Gefährtin, bist vielleicht die Tochter des
Rauchs,
weißt vielleicht nicht, dass du dem Schoß des
Feuers entstammst und der Wut
die glühende Lava formte mit Blitzen deinen
violetten Mund,
dein Geschlecht im Moos der verbrannten Eiche
wie ein Ring im Nest
deine Finger dort in den Flammen, dein fester Leib
entstand aus den Blättern des Feuers, und mir
kommt in den Sinn
wie gut man noch die ferne Herkunft sieht aus
dem Ofen des Bäckers,
noch bist du Brot des Urwalds, Asche des
wuchtigen Weizens.

Liebste, vom Tod zum Leben ein Blatt im Wald,
noch ein Blatt,
das stolze Laub verfault am Boden, das Schloss
der Luft und des Zwitscherns, das fürstliche Haus,
in Grün gekleidet
zerfällt im Schatten, im Wasser, im Schauder.
Man weiß, dort in der feuchten Fäulnis keimten
zarte Samen, und wieder erhebt die Akazie ihren
Duft in der Welt.

Liebste, meine verborgene, feste Taube, mein Strauß
aus Nächten, Stern aus Sand,
der Stolz deines Stammes der unbändigen Rose
eilt zu den Kriegen meiner Seele, entfacht hoch oben
das helle Signalfeuer
und ich gehe im Urwald, unter verwundeten
Elefanten,
das Dröhnen der Trommeln erklingt, die meine
Stimme im Regen rufen
ich gehe, dirigiere die Schritte im Takt meines Wahns
bis dann dein Turm sich erhebt, deine Kuppel
und meine tastende Hand findet deine wilden
Augen
die meinen Traum besahen und die Quelle jenes
Kummers.

Die schlanke Stunde wuchs so wie der schlanke
Mond an seinem Himmel

wuchs an auf ihrer Reise durch die Lüfte, ohne Eile,
ohne Makel
und wir ahnten nicht, dass du und ich ein Teil
waren von ihrer Fahrt,
nicht nur Haare, Sprachen, Adern, Ohren bilden
den Schatten des Menschen
sondern wie ein Faden, eine Faser, härter als alles
und jeder
auch die Zeit, die steigt, vergeht und wächst in der
schlanken Stunde.

Auf der Suche nach Angols Mauern im Nebellicht
des Taus
erfuhren wir, sie standen nicht mehr dort,
verschlungen hat der Krieg
die Bastion aus hartem Holz, und kaum erhob sich
im sterbenden Licht
der Schatten, die Spur, der Staub eines verkohlten
Knochens.
Die Wälder des schläfrigen Südens bedeckten mit
Ranken
den Krieg und den Frieden der Toten, den Zorn
und das ferne Blut.

Vierundsechzig Jahre schleift dies Jahrhundert
mit sich und sechzig
zählten davon die meinen in diesem Jahr, aber
wessen Augen betrachten da die toten Zahlen?

Wer bist du, Freund, Feind meines irrenden
Friedens?
Du weißt, wie die Tage waren, die Chronik,
die Revolutionen, die Reisen, die Kriege,
die Leiden, Fluten und die Zeit, fast einem
Soldaten gleich, bezwungen,
wie sich die Schuhe verschlissen beim Lauf durch
die Kontore des Herbstes,
was die Menschen taten in der Mine, auf der
silbrigen Höhe von Chuquicamata
oder in Chiles endlosem Eismeer in einem Schiff,
bedeckt mit Schnee.

Einerlei, meine uralten Schritte werden dir zeigen
und singen
vom Bitteren und Elektrischen dieser unreinen,
strahlenden Zeit mit ihren
Hyänenzähnen, Atomhemden, Flügeln aus Blitz,
für dich und deine noch ungeborenen Augen
schlage ich die Seiten aus Eisen und Tau eines
Jahrhunderts auf, verflucht und gesegnet,
eines dunklen Jahrhunderts, von der Farbe
dunkler Menschen mit geknebeltem Mund
denn als ich lebte, bekamen sie gerade Bewusstsein
und Kanalisation
bekamen eine Fahne, die die Jahrhunderte färbten
mit Blut und Qual.

5

Immer näher komme ich am Himmel
dem roten Blitz deines Haars.
Bin aus Erde und Weizen und nah bei dir
entfacht sich dein Feuer
in mir und entzündet
die Steine und das Mehl.
Deshalb schwillt und steigt
mein Herz empor und wird
zu Brot, damit dein Mund es verschlinge,
mein Blut ist der Wein, der dich erwartet.
Du und ich, wir sind die Erde mit ihren Früchten.
Brot, Feuer, Blut und Wein
die irdische Liebe, die uns verbrennt.

6

Mein Herz, Sonne
meiner Armut,
dies ist der Tag,
weißt du?
Der Tag,
fast verging er unbemerkt
zwischen einer
und der anderen Nacht,
zwischen
Sonne und Mond,
den fröhlichen Pflichten
und der Arbeit,
verging fast
fließend
im Fluss
durchquerte fast

die durchsichtigen
Wasser
und dann
hast du ihn geangelt
mit der Hand
frischer
Fisch
des Himmels,
schwerer Tropfen Frische,
voll
lebendigen Dufts
feucht
von jener
Morgenglocke
wie das Beben
des Klees
im Morgenrot,
so
kam er in meine Hände
und wurde
Fahne
von dir
und mir,
ich weiß es noch,
wir durchliefen
andere Straßen
holten
Brot,

glitzernde
Flaschen,
ein Stück
Truthahn,
Zitronen,
einen
Zweig
voll Blüten
wie an
jenem
blühenden
Tag
als vom Schiff,
umgeben
vom dunklen
Blau des heiligen Meers
deine winzigen
Füße dich herbrachten
Stufe für Stufe
herab
zu meinem Herzen,
und das Brot, die Blüten
der lotrechte
Chor
des Mittags,
eine Seebiene
über Orangenblüten,
all das,

dies neue
Licht, das kein
Unwetter
löschte in unserer Wohnung
kam aufs Neue,
entstand und lebte aufs Neue,
zehrte
voll Frische am Kalender.
Gelobt sei der Tag
und jener Tag.
Gelobt sei
dieser
und jeder Tag.
Das Meer
wird seinen Glockenturm schütteln.
Die Sonne ist ein Brot aus Gold.
Und die Welt feiert.
Liebste, unerschöpflich ist unser Wein.

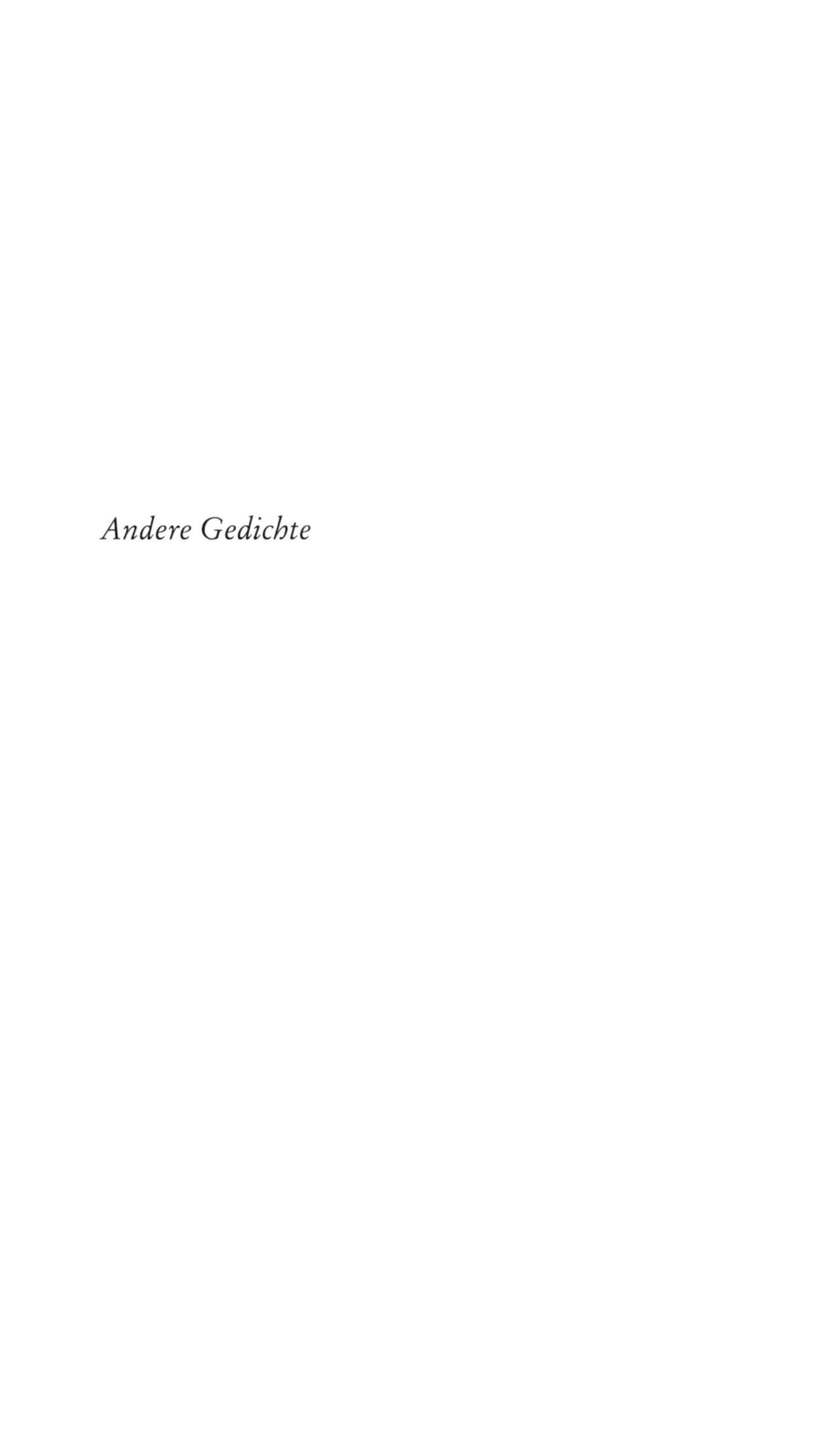

Andere Gedichte

7

Auch auf der Höhe
dieser Jahre
oben auf den
Kordilleren meines Lebens
hinter mir
das Erklimmen
des vertikalen Schnees
das Betreten
der transparenten Ebene
mit dem endgültigen Licht
sehe ich dich
am muschelsammelnden Meer
wie du Strandgut auf liest
im Sand
Zeit verlierst mit
den Vögeln

die die Meereseinsamkeit
durchkreuzen
ich sehe dich
und glaube es nicht
ich bin es selbst
so dumm, so fern,
so verwaist.
Junger Mann
eben
eingetroffen
aus der Provinz
Dichter
mit spitzen Brauen
und abgewetzten
Schuhen
du bist
ich
ich, der ich von Neuem
lebe,
aus dem Regen getreten,
dein Schweigen, deine Arme
sind meine
deine Verse besitzen
das vervielfältigte
Korn
des Hafers,
die fruchtbare Frische
des Wassers, darin treiben

Blätter und Vögel des Waldes,
gut, Junge, und nun
höre zu
bewahre
dehne dein Schweigen
bis in dir
die Wörter
reifen,
betrachte, berühre
die Dinge,
die Hände
wissen, sie besitzen
blinde Weisheit,
Junge,
sei im Leben
ein guter Heizer,
ein ehrlicher Heizer,
tu dich nicht
groß als Schreibfeder,
als Argonaut,
als Schwan,
als Trapezkünstler zwischen Sätzen hoch oben
und dem leeren Rund,
deine Arbeit
sind Kohle und Feuer,
du musst
dir die Hände beschmutzen
mit verbranntem Öl,

mit Rauch
aus dem Heizkessel,
dich waschen,
einen frischen Anzug anlegen
und dann
zum Himmel bereit, fang an
und kümmere dich um die Lilie
greif zu Orangenblüte und Taube,
versuche dich im Strahlen,
doch vergiss nicht deine Natur
des Vergessenen,
des Geschwärzten,
vergiss nicht die Deinen
oder die Erde,
werde hart
gehe
über die spitzen Steine
und kehre zurück.

8

Blätter
des Flieders
alle Blätter,
Vielzahl
des Laubs,
zitternder
Pavillon
der Erde,
Zypresse, Nagel der Luft,
Rauschen der Steineiche,
Gräser,
die der Wind brachte,
empfindsame Pappelwälder,
Eukalyptusblätter
gebogen wie
blutige Monde,

Blätter,
Lippen und Lider,
Münder, Augen, Haare
der Erde,
kaum
fällt
in den Sand
ein Tropfen
Kelche
des Trillerns,
schwarze Kastanie,
letzte
die den Saft aufsammelt
und emporsteigen lässt,
Magnolien und Kiefernwälder,
dicht von Düften,
frische
Apfelbäume erzittern.

9

»Bilde dir nichts ein«, schrieb jemand
an meine Wand.
Ich kenne weder
Schrift noch Hand
dessen, der den Satz hinschrieb
in der Küche. Hatte ihn nicht eingeladen.
Er kam übers Dach.
Wem also
antworten? Dem Wind.
Hör mich an, Wind.
Seit vielen Jahren
legen mir
die Eitlen
die eignen leeren Eitelkeiten zur Last,
der da, und sie zeigen auf die Tür
die ich abends öffne, auf das Buch

an dem ich schreibe,
auf das Bett,
das mich aufnimmt,
auf das Haus, das ich baue,
der da, der da, boshaft
zeigen sie auf mich mit Fingern,
gewundenen
Windenfingern,
und ihre eigene Selbstliebe
werfen sie mir an den Kopf,
was sie sind, schreiben sie mir zu,
was sie verbergen, kläffen sie mir vor.
Vielleicht
bin ich eingebildet,
auch ich bin eingebildet.
Nicht auf meine Dichtung, scheint mir.
Doch wollen wir sehen.
Das ganze Leben zirkulierte in meinem Körper
wie ein eigenes Blut
das ich entziffere
auf dem Papier, manchmal
habe ich zu tun, man ruft mich
und ich komme nicht,
ich muss Zeilen schreiben
die ich nicht lese,
muss für jemanden singen
den ich nicht einmal
kennenlernen werde, irgendwann.

Es stimmt, ich empfange
Briefe, in denen steht:
dein Wort
gab mir die Liebe wieder,
gab mir das Leben,
fand mich in den Kerkern,
und ich denke,
dies zirkulierende
Blut, dies unsichtbare Blut,
das ich umschließe
lebt in anderen Adern
von da an.
Doch kaum
entließ ich es aus mir
vergaß ich das Gedichtete.
Ich sehe keine
ernsthafte
Einbildung in meinem Vergessen
auch nicht in meiner Erfindung,
auch nicht
in meinen Schuhen
in meinen alten
Schuhen, ausgelatscht
von meinen streunenden Füßen,
alle fünf Jahre
bestelle ich einen neuen Anzug,
meine welken
Krawatten

prahlen
mit nichts,
heute
wenn ich im Moment
der Gefahr
für mein Land
die Fahne
suche,
steige ich
auf Kirchtürme
und vergesse
die Welle
schaumgesäumt,
vergesse
die Blume
am Wegesrand
ich tat nicht mehr
als sonst jemand,
weniger vielleicht als alle.

10

Wundervolles Ohr,
doppelter
Schmetterling
höre
dein Lob
ich spreche nicht
vom kleinen
Ohr
dem angebeteten
aus Perlmutt vielleicht
dem gekneteten
aus Rosenmehl
nein,
ich will
ein Loblied auf ein Ohr

II

Dem Chilenen
setzt man
ein Schiff
vor die Nase
und er springt,
fährt in die Ferne
fährt dahin.
Der Reiche
fährt zum Vesuv,
kennt nicht
die mütterlichen
Höhen, hoch oben
das Feuer der Anden,
fliegt zum Broadway,
zur Mayo-Klinik,
zum Moulin Rouge,

der arme
Chilene mit seinem einzigen
Paar Schuhe
durchquert Neuquén, die öden
Weiten Patagoniens,
durchläuft die Mondlandschaft
der Küste
Perus
lässt sich samt Hunger nieder
in Kolumbien,
wandert nach Kräften weiter,
wechselt seinen Stern wie das Hemd,
so etwa
die verrückte Chilenin
mit meuternden Augen,
leichtem Herzen, himmelblauer Haut
oder der Handlungsreisende
in Wein, Gitarren,
Wasserpfeifen
oder der Matrose
der heiratet
in Veracruz und nicht wiederkehrt
auf seine Insel,
auf sein duftendes Meeres-Chiloé.

12

Ich rollte unter den Hufen, die Pferde
gingen über mich dahin als Wirbelwind,
die Zeit damals schwang ihre Fahnen
und mit der studentischen Passion
kam über Chile
Sand und Blut der Salpetergruben,
Kohle aus harter Mine
Kupfer mit unserem Blut
dem Schnee entrissen
und so wandelte sich die Landkarte,
die Schäfernation warf sich auf
zu einem Wald aus Fäusten, Pferden,
und noch vor 20 empfing ich,
unter den Knüppeln der Polizei
das Pochen
eines weiten Herzens unter der Erde,

verteidigte der andern Leben
und lernte, es war meins
gewann Gefährten
die mich verteidigen, auf ewig
denn meine Dichtung empfing,
kaum ausgedroschen,
den Orden ihrer Leiden.

13

Trübe, traurige, tiefzarte Jugend,
düsteres Torfmoor
in das Blätter fallen
Körper,
Wörter
schwere Schläge und bittere Liebe,
ein Alter wie der Weltraum,
ohne Wurzeln, offen
unerforschter als die Nacht,
sternenreicher als ihr Dunkel.
Unreine Zeit des Berührens
ohne Erwidern,
der Steine vor den Füßen, der Augen voll Hunger,
der Bücher, ausgequetscht, um das Leben zu lernen
das uns dort anruft ansieht und das wir nicht sehen
mit Baudelaire auf der Schulter wie ein Rabe

und Lautréamont, der brüllt in seinem Sarg,
ungesühnt.
So,
fern von Garcilaso, seinen Ufern
die Schwanenfedern streifen
und so, halb verfemt, verrückt
mit Literatur gesäugt
mit allen Finsternissen zur Hand,
unbedacht und ungestüm, schließlich
Stück für Stück vorangehen,
den Weg wandern,
auf der Suche nach Brot, Haus und Frau
wie alle Menschen.

14

Und die Pferde, wo sind sie hin?
Vor lauter Leben, lauter Sterben
nahmen die wohlerzogenen Leute
vor lauter Gegrüße, guten Tag,
auf Wiedersehen, immer bedächtig
nicht Abschied zur rechten Zeit
von den Pflanzenpferden.

Ich schwang mich auf einen Tropfen Regen
ich schwang mich auf einen Tropfen Wasser
doch so klein war ich damals, so klein
dass ich abglitt von der Erde
mein Reittier ging verloren
zwischen Hufeisen, Wurzeln
der Mensch ist beschäftigt heute
betrachtet nicht den tiefen Wald

wirft keinen spähenden Blick mehr ins Laub
für ihn fallen keine Blätter vom Himmel
beschäftigt ist der Mensch heute
beschäftigt, sein Grab zu schaufeln.

Man muss sehen, was die Stille ist
auf dem Land rund um Valdivia
aber nie wird er sie kennen
die Gemeinschaft im Untergrund
die Gemeinsamkeit der Wurzeln
denn diese verblichenen Toten
starben, lang bevor sie starben.

Doch wenn ich recht verstehe
ist das Herz ein Blatt
der Wind lässt es pochen.

15 An die Anden

Kordilleren
voll Schnee,
Anden
in Weiß,
Mauern
meiner Heimat,
wie viel
Stille
umgibt
den Willen, die Kämpfe
meiner Landsleute.
Oben die Berge
in Silber,
unten der grüne Donner
des Ozeans.
Und doch:

die Leute hier
behauen die gezackten
Einsamkeiten,
befahren
die vertikalen Wellen
und am Abend
greifen sie
zur Gitarre,
singen beim Weiterziehen.
Niemals
hielten sie inne, meine Leute.
Ich weiß, woher sie kommen
und wohin
sie einmal gelangen mit der Gitarre.
Deshalb
schreckt mich nicht
die blutige Sonne über
dem Weiß,
die gespenstische Kordillere
am Ende
der Wege.
Meine Leute
härteten sich die Hände
beim Graben
nach spröden Erzen,
sie kennen
das Harte,
und ziehen weiter,

immer weiter.
Wir
Chilenen,
arme Leute,
Bergmänner,
Fischer,
wir wollen
wissen, was geschieht
jenseits des Schnees,
erhoffen vom Meer
Botschaften, Nachrichten,
wir
warten.
Im Winter
überspannen sich
die Anden
mit ihrem endlosen Tuch,
der Aconcagua
verkehrte in Kristall die Mähne
seines weißen Haupts,
es schlafen
die großen Kordilleren,
alle Gipfel
unter
demselben weiten Laken,
die Flüsse
werden hart,
auf den Planeten fällt

der Schnee
als vielfaches Schaudern.
Doch
im Frühling
sind die Berge des Todes
auferstanden,
das Wasser wird wieder
lebendige Materie, Gesang,
und verborgenes Gras
erwacht,
dann
ist alles Duft
nach sanfter Minze, ernsten
Araukarien,
unter dem Trauerflug
der Kondore
verabschieden die Reiher
das Schweigen.
Dann
wird die ganze Kordillere
wieder zum Gebiet
der Chilenen,
und zwischen Meer und Höhe
vervielfacht sich das Feuer.
Der Frühling
überquert die Berge
in seinem Kleid
aus Wind

die gelben Blumen
füllen mit duftendem Gold
die alten Narben
der Erde,
alles geht,
alles
fliegt,
aus und ein gehen
die Nachrichten der Welt,
das Fortschreiten
der Geschichte, die Schritte
der Eroberer, erdrückt
von der Arbeit des Menschen,
höher
als die höchsten Steine
steht der Mensch,
auf dem Gipfel
der Anden
der Mensch
die unaufhaltsame
Entwicklung,
der Schritt der Völker.
Und in der Höhe
voll Schnee,
den Kopf
hebend, die Hand
an der Schaufel
blickt der Chilene,

ohne Trauer, ohne Furcht.
Schnee, Meer, Sand,
alles wird zum Weg.
Wir werden kämpfen.

16

Tag im Frühling,
langer Tag in Chile,
langer Leguan in Grün
ausgestreckt
im Amphitheater des Schnees
vor dem Meeresblau.
Sonne und Wasser
auf deiner grünen Haut,
in deinem Schutzschild atmet
die auflebende Erde,
liegend
gleitest du hinab
und lebst auf,
dich befleckt
der Blütenstaub
mit Rot,

dir summen
die Zikaden,
an dir pickt
ein Vogel,

du lebst,

duftendes
Tier in Grün,
Schwanz in Gold,

du nährst
und nährst dich,

du singst
und wir singen dich,
schlafender
heller Tag
du weißt nicht
während
über deinen Kopf
Käfer kriechen
ganz in Gelb,
und die Geigen
fliegen
in deinem Wind,
du weißt nicht
wer heute stirbt,

kennst nicht
die Verwandtschaft
die dem Leichenzug folgt
weißt nicht, kennst nicht
wen man aus seinem Haus warf
heute Nacht, das Mädchen
das seine Arbeit verlor,
den Ring
der den Fingern
der Mutter entglitt
und im Kasten des Pfandleihers zirpte
der Todeskampf einer verlorenen Grille,
ausgestreckt
zwischen all den
Geburten,
Schiff
des Aufkeimens
vertäut
am schmalen
Frühling Chiles,
du ruhst,
gleißend,
der Schaum
wie ein heiliges Schweißtuch
kommt näher und löst sich
von deinem Leib,
und
der Himmel krönt dich,

der Chor des Ozeans
gräbt in den Stein seinen Gesang
dir zum Lob,
zwischen stachligen Schwertern glüht
der Blütenkranz des Kaktus,
und wieder wird die Welt geboren.

Auf dem Boden Chiles
im Frühling
die Stimme,
die gesetzlose Theogonie,
das helle Wachsen,
ich pflücke
einen Tag,
eines grünen Tages, ausgestreckt im Schnee,
vor dem Salz des Meeres.

17

Guten Tag, ich grüße den Himmel.
Es gibt kein Land. Es riss sich los
gestern Nacht vom Schiff.
Chile blieb zurück, allein
ein paar wilde Vögel
fliegen noch, halten hoch
den dunklen, kalten Namen meiner Heimat.
An Abschiede gewöhnt
erschöpfte ich mir nicht die Augen: wo
verschloss man mir die Tränen?
Das Blut steigt von den Füßen auf
durchläuft die Stollen
des Leibs und malt sein Feuer.
Doch wo verbirgt sich das Weinen?
Wenn der Schmerz kommt, eilt es herbei.
Doch ich sprach von anderem.

Ich stand auf und über dem Schiff
war nichts als Himmel, Himmel,
Blau, durchbrochen von
einem Netz friedvoller Wolken
unschuldig wie das Vergessen.
Das Schiff ist die Wolke des Meeres
und ich vergaß mein Schicksal,
vergaß Bug und Mond,
ich weiß nicht, wohin die Wellen wandern
oder wohin das Schiff mich trägt.
Weder Meer noch Land hat der Tag.

18

Zurück von seinem Feuer kehrt der Heizer,
von seinem Stern der Astronom,
von seiner fatalen Passion der Behexte,
von der Millionenziffer der Ehrgeizling,
von der Schiffsnacht der Matrose,
der Dichter kehrt zurück vom Schaum,
der Soldat von seinen Ängsten,
der Fischer von dem feuchten Herzen,
die Mutter von Juanitos Fieber,
der Dieb vom Gipfelpunkt der Nacht,
der Ingenieur von seiner kalten Rose,
der Indio von seinem Hunger,
der Richter von Müdesein und Unwissen,
der Neidische von seinen Leiden,
die Tänzerin von ihren müden Füßen,
der Architekt vom Stock dreitausend,

der Pharao von seinem zehnten Leben,
die Prostituierte von ihrem falschen Kleid,
der Held kehrt zurück vom Vergessen,
der Arme von nur einem Tag weniger,
der Chirurg vom Blick in den Tod,
der Boxer von seinem traurigen Vertrag,
jemand kehrt zurück aus der Geometrie,
zurück kommt der Forscher aus seiner
Unendlichkeit,
die Köchin von den schmutzigen Tellern,
der Romancier aus schmerzlichen Schlingen,
der Jäger löscht das Feuer, kommt zurück,
die Ehebrecherin von Himmel und Betrübnis,
der Lehrer von einem Glas Wein,
der Intrigant von seinem Dolchstoß,
der Gärtner hat seine Rose geschlossen,
der Wirt löscht seine Schnäpse,
der Sträfling knüpft sein Plädoyer,
der Fleischer wusch sich die Hände,
die Nonne verabschiedete ihre Gebete,
der Bergmann seinen schlüpfrigen Stollen,
und wie sie alle lege ich die Kleider ab,
schaffe mir in der Nacht aller Menschen
eine kleine Nacht für mich,
meine Frau kommt, Stille herrscht
und der Schlaf kreist wieder um die Welt.

19

Vom Abgesonderten,
vom spröden Ignoranten, der ich immer war
schon lang vor der Geburt, mal stolz
mal ängstlich, im Leben nicht geliebt zu werden,
ging ich dazu über, aller Welt die Hand zu geben
ließ mich ein aufs Telefon, widerstrebend
noch zu Anfang, fand mich ab
mit einer Stimme, einem Rat aus Draht,
einer metallenen Verbindung
bis ich mich von selbst aufgab
und wie vor dem Revolverlauf
die Hände hob, kapitulierte
vor der Erniedrigung des Telefons.
Ich, der ich mich mit höchstem Takt
fernhielt von den leuchtenden Büros,
von kränkenden Industriepalästen

erblickte nur den schwarzen Apparat
der mich selbst schweigend schmähte,
und ließ mich Dichter, plumpe Ente
  auf dem Land,
schon verderben, ja ich lieh sogar
mein feines Ohr (das ich ganz unschuldig
geöffnet hatte für die Vögel, die Musik)
einer täglichen Prostitution,
verband mit meinem Ohr den Feind
der ganz Besitz von mir ergriff.
Ich wurde Telefieber, Telefimmel
heiliger Telefant,
tat einen Kniefall, wenn die schreckliche
Klingel des Despoten streng verlangte
nach Aufmerksamkeit, Ohren, Blut,
wenn sich irrtümlich eine Stimme
nach Technikern erkundigte, nach Huren,
oder es war ein Verwandter, den ich hasste
eine vergessene Tante, die unmöglich war,
ein Nationalpreisträger, Alkoholiker
der mich dringend prügeln wollte
eine Schauspielerin, blau und honigsüß
die mich vergewaltigen wollte, verführen
mit einem rosa Telefon.
Ich wechselte die Kleider, die Gewohnheiten,
bin bloß noch Ohren,
lebe voll Angst, dass niemand anruft
oder dass die Idioten anrufen,

meine Unruhe trotzte Medikamenten,
Doktoren, Priestern, Staatsmännern,
vielleicht werde ich selbst zum Telefon,
zu einem abscheulichen, schwarzen Apparat
über den die anderen die Verachtung
verbreiten, die sie für mich empfinden werden
wenn ich zu nichts mehr nutze bin
das heißt, wenn nichts mehr spricht
durch meinen Körper als die Wespen.

20

Die beiden Menschen, einsam,
als erste Menschen
dort oben
was nahmen sie mit
von uns?
Von uns Menschen,
der Erde?

Mir kommt in den Sinn
dass es neu war, dies Licht,
dieser spitze Stern
auf der Reise,
der die Ferne
berührte, verkürzte,
neu die Gesichter
in weiter Einsamkeit,

im reinen Weltraum
zwischen den Sternen, fein und feucht
wie das Gras im Morgengrauen,
etwas Neues kam von der Erde,
Flügel oder Schaudern,
große Tropfen Wasser
ein Gedanke
unerwartet, seltener Vogel
der pochte
mit fernem menschlichem Herzen.

Doch nicht nur das,
auch Städte, Rauch,
der Lärm der Massen,
Glocken, Geigen,
Kinderfüße vor der Schule,
all das lebt nun,
von nun an,
im Weltraum,
denn die Astronauten
reisten nicht allein,
sie nahmen mit sich unsere Erde,
den Geruch von Moos und Wald,
die Liebe, Band von Mann und Frau,
Erdenregen auf der Wiese,
etwas schwebte gleich
einem Brautkleid
hinter den zwei Schiffen her im Raum:

es war der Frühling der Erde
der zum ersten Mal erblühte,
den unbelebten Himmel eroberte
und zurückließ dort oben
den Samen
des Menschen.

21

Roa Lynn und Patrick Morgan
fest vertäut in diesen Wassern,
hier in diesem Fluss verwoben,
feindlich, aufgeblüht, verdrossen,
reisen fort, zum Meer, zur Hölle,
vorwärts drängend ihre Liebe
die sie stets zum Licht hin treibt
oder aus den Algen angelt:
doch die Wasser fließen weiter
durch das Dunkel, im Gespräch,
zählen Küsse, zählen Asche,
Straßen, blutig von Soldaten,
unzumutbar diese Treffen
der Entbehrung mit dem Jammer,
was befördern nicht die Wasser:
die rasante Zeit, den Raum,

Gärendes aus den Favelas
all die Masken und ihr Grauen.

Seht nur, was das Wasser bringt
auf dem Fluss mit den vier Armen!

Faksimiles

Gedicht 2

Odas
Lanceros
ARGENTINOS
TEMAS
HISTORICOS
12 HOJAS - 2 LAMINAS
INDUSTRIA ARGENTINA

Nunca solo. Contigo
por la tierra,
atravesando el fuego.
Nunca solo.
Contigo por los bosques
recogiendo
la flecha
entumecida
de la aurora,
el tierno musgo
de la primavera.
Contigo
en mi batalla,
no la que yo escogí
sino
la única,
la ~~común~~ ~~participación~~
en

Contigo por las calles
y la arena, contigo
el amor, el cansancio,
el pan, el vino,
la pobreza y el sol de una moneda,
la pena, y las heridas
la alegría.
Toda la luz, la sombra,
las estrellas,
todo el trigo cortado,
las corolas
del girasol gigante, doblegadas
por su propio caudal, el vuelo
del cormorán, clavado
al cielo
como cruz marina,
todo
el espacio, el otoño, los claveles,
nunca solo, contigo.

Nunca solo, contigo tierra
contigo el mar, la vida,
cuanto soy, cuanto doy y cuanto canto.
~~cuanto suspiro~~,
~~cuanto sustento~~ ,
~~y lo que~~
esta materia
de ~~mi amor~~.
tierra ~~y luna y canto~~

amor, la tierra,

el mar,
el pan, la vida,

Gedicht 5

Día 29-Diciembre 1952
11 de la mañana
volando a 3.500 mts
de altura entre
Recife y Rio Janeiro

MENU

Por el cielo me acerco
al rayo rojo de tu cabellera.
De tierra y trigo soy y al acercarme
tu fuego se prepara
dentro de mi y enciende
las piedras y la harina.
Por eso crece y sube
mi corazón haciéndose
pan para que tu boca lo devore.
Y mi sangre es el vino que te
aguarda.
Tú y yo somos la tierra con
sus frutos.
Pan, fuego, sangre y vino
es el terrestre amor que nos
abrasa.

Pablo
Neruda

Gedicht 6

20

Corazón mío, sol
de mi pobreza,
es este día, ¿
sabes?
este día,
casi pasó olvidado
entre una noche
y otra,
entre
~~un trabajo~~

~~y un~~
el sol y la luna,
~~el deber~~
los alegres deberes
y el trabajo.
casi pasó
corriendo
en la corriente

21

Casi cruzó
las aguas
transparente
~~como un~~
y entonces
tú en tu mano
lo levantaste
fresco
pez
del cielo,
~~chorreando~~
goterón de frescura,
lleno
de viviente fragancia
humedecido

por aquella
campana matutina
como el trébol tiembla
del trebol
en el alba,
así
pasó a mis manos
y se hizo
bandera
tuya
y mía,
recuerdo,
y recorrimos
otras calles

23

buscando

pan,

botellas

deslumbrantes,

un fragmento

de pavo,

unos limones,

unas granadas

en flor

~~florida~~

como

aquel

día

florido

cuando

24

del barco,
rodeada
por el oscuro
azul del mar sagrado
tus menudos
pies te trajeron
bajando
grada y grada
hasta mi corazón,
~~tu~~
y el pan, las flores

el coro
vertical

25

del ~~d~~ mediodía,
una abeja marina
entre
sobre los azahares,
todo aquello,
la nueva ~~luz~~
luz que ninguna
tempestad
apagó en nuestra morada
llegó de nuevo,
surgió y revivió de nuevo,
consumió
de frescura el almanaque.

26

Loado sea el día
y aquel día.
Loado sea
este
y todo día.
~~Mar regalaste~~
~~Sube pronto~~
El mar
sacudirá su campanario.
El sol es un pan de oro.
~~La tierra es una copa~~
~~Y en la mesa luz~~
Y aquella ~~día comiendo~~ viviendo
la fuego
~~Entre nosotros~~
Y el mismo amor ~~vivid~~
~~viviendo con nosotros~~
Y la fiesta del mundo.
Amor, ¡inagotable amor es nuestro vino.

Gedicht 15. An die Anden

A los Andes

Abril 26
Los Guindos
12 ½ P.M.

Cordilleras
nevadas,
Andes
blancos,
paredes
de mi patria,
cuánto
silencio,
rodea[illegible]
~~a unos cuantos~~
la voluntad, las luchas
de mi pueblo.
Arriba las montañas
plateadas,
abajo el trueno verde
del océano.

28

Sin embargo

este pueblo

pica las ~~verticales soledades~~ erizadas
soledades,
navega

las ~~erizadas~~ verticales olas,

y en la tarde

~~ton~~

toma

su guitarra,

y canta caminando.

Nunca

se detuvo mi pueblo.

Yo se de donde viene

y donde alguna vez

llegará con su guitarra.

por eso

no me asusta

el sol sangriento sobre

29

la blancura,
la espectral cordillera
cerrando
los caminos.
Mi pueblo
se endureció las manos
excavando
ásperos
X ~~los duros~~ minerales,
conoce
la dureza,
y sigue andando,
andando.
Nosotros
los chilenos,
pueblo pobre,
mineros,
pescadores.

30

queremos
conocer lo que pasa
más allá de la tierra,
~~más lejos~~
y del mar esperamos
mensajes y noticias,
nosotros
esperamos.
A todos
los pueblos
de la tierra,
con el viento
y las alas,
saludamos
guiñándoles
un ojo,
un ojo
parecido a una estrella,

31

En el invierno
los Andes
revisten
su ~~..~~ mantel infinito,
el Aconcagua
cristalizó ~~sus~~ las crines
X de su cabeza blanca,
duermen
las grandes cordilleras,
las cumbres
bajo
la misma extensa sábana,
los ríos
se endurecen,
sobre el planeta cae
la nieve
como multiplicado escalofrío.
Pero
en la primavera
los ~~montañas~~ montes de la muerte
~~muestran~~
han renacido.

32

el agua vuelve a ser
~~lágrimas~~

~~Canto~~ materia viva, canto,

y una ^escondida^ tierra

~~tímida~~

resucita,

luego

toda es aroma

~~de araucarias~~

de ~~menta~~ mar en menta o ~~tenazas~~ grasas

araucarias,

bajo el cielo enlutado

de los cóndores

las garzas se despiden

del silencio.

Entonces ~~entre el mar~~

~~todo~~ ~~metro~~ la cordillera

vuelve a ser territorio

para los chilenos,

y entre el mangle altura
se multiplica ~~el fuego~~, el fuego.
~~el fuego y la esperanza~~
Pasa ~~la~~ primavera
~~pas~~ cruza las montañas
con su traje
de viento
~~las montañas~~,
las flores amarillas
llenan de oro fragante
las viejas cicatrices
de la tierra,
todo camina,
todo
vuela,
y van y vienen
las noticias del mundo,
el crecimiento

39

de la historia, los pasos
de los conquistadores alumbrados
por el trabajo humano,
mas altas
que las ~~piedras~~ mas altas
está el hombre,
en la cima
de los Andes
el hombre,
el invencible
desarrollo,
~~Las victorias~~
el paso de los pueblos.
Y a la altura
nevada,
levantando
la cabeza, dejando
las manos en la pala

mire el chileno,

sin miedo, sin ~~sorpresa~~ tristeza.

~~Todo será camino~~

la nieve, el mar, la arena,

todo será camino.

Luchemos.

Gedicht 16

Día de primavera,
largo día de Chile,
largo lagarto verde
~~tendido~~
recostado
en ~~las piedras~~ el anfiteatro de
la tierra
frente al azul marino.
El sol y el agua sobre
tu piel verde,
respira en tus escudos
la tierra rediviva,
acostado
resbalas
y revives.
te mancha
el polen

45

rojo,
te zumban
las cigarras,
te picotea
un pájaro,
vives,
fragante
animal verde,
cola de oro,
nutres
y te nutres,
cantas
y te cantamos,
dormido
día claro
no sabes

46

mientras
por tu cabeza
suben escarabajos
amarillos,
y los violines
vuelan
en tu viento,
no sabes
quién muere hoy,
no conoces
a los ~~padres~~ ~~parientes~~ deudos X
que siguen el cortejo
no sabes, no conoces
al que desalojaron de su casa

47

anoche, a la muchacha
que perdió su trabajo,
el anillo ~~sin~~
que cayó de los dedos ~~de~~
de la madre
y sonó en el cajón del prestamista
~~con su último~~
como un grillo perdido que agoniza,
recostado
entre tantos
~~germinaciones~~
nacimientos,
nave
de las germinaciones
detenida

48

en la delgada

~~luz~~
primavera de Chile,

reposas,

deslumbrante,

la espuma

como un manto sagrado

se acerca y se desprende

de tu cuerpo,

y
el cielo te corona,

el ~~océano~~ coro del océano

sus ~~palabras~~ rumores
canta con ~~palabras~~ ~~numerosos~~

~~tu~~ irregular

labra en la piedra el canto

en tu alabanza

~~casi se cumplió el rito~~

49

arde ~~ta flor~~ entre las ~~esp~~
espadas espinosas

huraña
la flor del cactus,
corola

nace otra vez el mundo,
En la tierra ~~escribe su teogonía~~.
de Chile

en Primavera
la voz
~~en la luz~~,
la
~~de su~~ singular teogonía,
el
~~su~~ claro crecimiento,

yo recojo

~~de~~ un día,

de un día verde recostado en ~~piedra~~ arena,
sal
frente a la ~~luz~~ marina.

Los Guindos 13 de octubre 54
12 m.

Anmerkungen

Gedicht 1

Wie viele andere Gedichte Nerudas ist dieses Matilde Urrutia gewidmet, seiner dritten Frau und wichtigsten Muse. Der handgeschriebene Text mit vielen Korrekturen fand sich in einem Heft, das vor allem Originale aus *Memorial von Isla Negra* und zwei Gedichte aus *Vollmachten* enthält, »Ode an Acario Cotapos« und »Für Don Asterio Alarcón, Zeitmesser aus Valparaíso«, außerdem einen Prosatext über Venezuela mit dem Datum 23. Januar 1959. Das Gedicht folgt auf diesen Text, weshalb man es zwischen 1959 und 1960 datieren kann.

Gedicht 2

Dieses Gedicht wurde in einem Heft entdeckt, auf dessen Umschlag »Oden« zu lesen ist und auf der ersten Seite »1956«. Es folgt auf die handschriftliche Fassung einer Ode mit dem Titel »Untergang des Trauerschiffs«, die später im *Dritten Buch der Oden* als »Ode an die Fischerbarke« veröffentlicht wurde. Im Anschluss finden sich die ersten Zeilen eines Gedichtentwurfs, der aller Wahrscheinlichkeit nach Matilde gewidmet ist: »Du bist nicht aus Schlaf gemacht, geliebte Liebste / Bist fest wie ein Apfel. / Angefüllt von Licht bist du, Rosenkranzrose / und im Gegenlicht wie eine Landtraube«. Diese Verse sind durchgestrichen. Auf der nächsten Seite folgen weitere Einzelverse, ebenfalls verworfen, und schließlich das handschriftliche Original von »Ode an den alten Dichter«, ebenfalls aus dem *Dritten Buch der Oden*. Somit wurde »Niemals allein, mit dir« aller Wahrscheinlichkeit nach 1956 für dieses Oden-Buch geschrieben und am Ende nicht aufgenommen.

Gedicht 3

Dies ist der erste Text in einem Heft, in dem weitere Gedichte folgen: »An die Zeit, die mich ruft«, später als »Ode an die künftige Zeit« veröffentlicht, mit dem Datum 22. September 1956; »Ode an ein paar gelbe Blumen« vom selben Tag, »Ode von der ganzen Welt«, alle drei aus dem *Dritten Buch der Oden*, außerdem »Ode an den Teller« aus *Seefahrt und Rückkehr.* Demnach muss das Gedicht ungefähr im September 1956 geschrieben worden sein. Auf der ersten Seite des Hefts finden sich ein paar unzusammenhängende Notizen: »Themen – Abwesenheit – Liebste Verrückte«. In einer anderen Spalte: »Ring – Kette – Nadel«. In einer weiteren: »Oden: Hund – Pferd Puma – Kanarienvogel – Katze«. Und schließlich: »Achtung! – korrigieren – Vers in – an die Zeit – die singt«. Tatsächlich hat der Dichter in *Seefahrt und Rückkehr* Oden an den Hund, das Pferd und die Katze aufgenommen. Das Thema der Abwesenheit könnte sich auf das vorliegende Gedicht beziehen: »Wo bist du hin Hast was getan«.

Gedicht 4

Nach den Versen zu schließen »Vierundsechzig Jahre schleift dies Jahrhundert mit sich und sechzig / zählten davon die meinen in diesem Jahr«, schrieb Neruda das Gedicht 1964. Im selben Jahr erscheint *Memorial von Isla Negra,* der große autobiographisch-poetische Rückblick Nerudas zu seinem sechzigsten Geburtstag, und ebenso entsteht der Anfangsteil von *Die Barkarole*. »Was reicht deiner goldenen Hand« gleicht vom Aufbau her den Liebesgedichten dieses Buches: Langverse und die Anspielung auf die ländliche Herkunft der geliebten Frau.

Von diesem Gedicht ist nur eine Maschinenabschrift vorhanden.

Gedicht 5

Dieses Gedicht wurde mit der Hand auf die Seite eines Menüs im Quartformat geschrieben und ist Eigentum von Jorge Selume Zaror, der es freundlicherweise für dieses Buch zur Verfügung gestellt hat. Auf dem Blatt befindet sich auch eine Anmerkung, vermutlich in Matildes Handschrift, die besagt: »Am 29. Dezember

1952 – 11 Uhr morgens – in 3500 Metern Höhe fliegend – zwischen – Recife und Río Janeiro«. Womöglich hat Neruda es auf dem Flug von Europa nach Uruguay geschrieben, wo er sich mit Matilde in Atlántida treffen und mit ihr das Jahresende verbringen wollte.

Gedicht 6

Dieses Gedicht wurde auf Einzelblätter geschrieben und in einer Schachtel zusammen mit anderen gefunden, die zum größten Teil zwei Odenbüchern entstammen: *Neue Elementare Oden* und *Seefahrt und Rückkehr*.

Gedicht 7

Dieser Text ist besonders interessant. Ein Dichter im reifen Alter wendet sich an den jungen Dichter, der er war, und gibt ihm Ratschläge. Die Empfehlungen an sein eigenes jugendliches »Ich« können für alle jungen Dichter gelten. Die Bedeutung des Gedichts liegt auch in seiner Einmaligkeit, da sich in Nerudas Werk nichts findet, was sich mit Rainer Maria Rilkes *Briefe an einen jungen Dichter* vergleichen ließe. Neruda sagt dem jungen Dichter, er solle sich nicht als »Schreibfeder« großtun, »als Argonaut, / als Schwan, / als Trapezkünstler zwischen Sätzen hoch oben / und dem leeren Rund«, er solle sich die Hände beschmutzen, mit der Materie und den Elementen arbeiten, mit Kohle und Feuer. Neruda greift hier zum Bild des Dichters als Heizer und beschreibt dessen Arbeit als ein Handwerk unter vielen; auch der Dichter ist einer unter vielen und soll sich nicht von den anderen abheben, ist nicht von einem höheren Schicksal gezeichnet, kein »kleiner Gott«, wie Vicente Huidobro sagen würde. An anderer Stelle, etwa in seiner Nobelpreisrede, benutzt Neruda das Bild des Dichters als Bäcker, der mit Hingabe und Zärtlichkeit seinem Handwerk nachgeht, das so bescheiden wie notwendig für die Gemeinschaft ist.

Dieses Gedicht fand sich in einer Schachtel mit weiteren Gedichtmanuskripten, vor allem Oden (an den Frühling, an Walt Whitman, an Louis Aragon), die später in die Bände *Elementare Oden, Neue Elementare Oden* und *Seefahrt und Rückkehr* aufgenommen wurden.

Gedicht 8

Dieses Gedicht, auf Einzelblätter geschrieben, gehört zweifellos zur Periode der Oden und entspricht Nerudas Wunsch, das Terrain der Dichtung zu erweitern, damit er, wie Saúl Yurkievich sagt, die ganze Welt umfassen, den ganzen Umfang des Wirklichen abschreiten kann. Seine Oden widmen sich oft den Dingen in dem einmaligen, unwiederholbaren Moment, in dem der Dichter sie überrascht, wie in der »Ode an eine Kastanie auf der Erde«, keine Ode an die Kastanie an sich, sondern an eine bestimmte Kastanie in einem spezifischen, vorübergehenden Zustand. Ein Gleiches geschieht in der »Ode an ein Veilchenbüschel«. Zu dieser Art Oden scheint »Blätter« zu gehören, denn der Dichter sieht eine Blätterlandschaft und hält sie im Gedicht fest, bevor sie aus der Welt verschwindet.

Dieses Gedicht wurde in derselben Schachtel gefunden wie das vorhergehende.

Gedicht 9

Dieses Gedicht zeigt Ähnlichkeiten zur »Ode an den Neid« aus *Elementare Oden,* in der Neruda von seiner Erfahrung mit fremdem Neid spricht: »Sie reckten sich / in die Höhe, drohend, / mit Haken, mit Messern, / schwarzen Drahtzangen, / gegen meine Poesie«. Dennoch erklärt er, dass er seinen Pflichten als Dichter weiter nachkommen muss: »Was soll ich tun? / Ich glaube, / ich werde fortfahren zu singen, / bis ich sterbe«, »zu jedweder Stunde / werde ich schreiben, nicht nur, / um nicht zu sterben, / sondern um zu helfen, / daß andere leben, / denn es scheint, manch einer / braucht meinen Gesang« (Übersetzung: Erich Arendt).

In »Bilde dir nichts ein« spricht Neruda ebenfalls von unsichtbaren Feinden, die auf ihn zeigen und ihn anklagen, und doch muss er seinen Verpflichtungen als Dichter und Bürger nachkommen. Hier taucht eine Idee auf, die Neruda auch in anderen Texten ausführt, teils von Whitman übernommen, und nach der der Dichter mit der Stimme der Menschen sprechen, das Leben der Gemeinschaft übersetzen muss: »Das ganze Leben zirkulierte in meinem Körper / wie ein eigenes Blut / das ich entziffere / auf dem Papier, manchmal«.

Dieses Gedicht wurde in derselben Schachtel wie die Gedichte 7 und 8 gefunden.

Gedicht 10

Vermutlich war dieses Gedicht der Versuch, eine »Ode an das Ohr« zu schreiben, die Neruda unvollendet ließ. Offensichtlich ist hier die poetische Verwandtschaft zu den Oden, die Neruda verschiedenen Körperteilen widmete: dem Schädel, der Leber, dem Auge.

Dieses Gedicht wurde in derselben Schachtel gefunden wie die vorhergehenden.

Gedicht 11

Dieses Gedicht könnte eine Ode an den reisenden Chilenen sein, ganz im Einklang mit *Seefahrt und Rückkehr,* da das Original mit sechs durchgestrichenen Versen endet: »Chilene, geh nicht fort, / geh nicht fort, Chilene. / Dieses Land / so schmal / wurde uns ausgeteilt beim turbulenten Kartenspiel / des 15. Jahrhunderts und der Geographie«.

Interessant ist, dass Neruda den Chilenen erst als einen Reisenden charakterisiert (wie man ihn in seinem Land als »streunenden Hund« bezeichnet), am Ende einen Aufruf an den ruhelos wandernden Chilenen folgen lässt, er möge sein Land nicht verlassen, und diese letzten Zeilen schließlich doch verwirft. Dennoch passt der Appell zu dem, was der Dichter in seiner Rede anlässlich der Schenkung seiner Bücher- und Muschelsammlung an die Universidad de Chile am 20. Juni 1954 gesagt hat: »Der Dichter ist kein verirrter Stein. Er hat zwei heilige Pflichten: aufbrechen und zurückkehren (…). Vor allem in diesen einsamen Ländern, die sich zwischen den Falten des Planeten verlieren und die wahren Bürgen für die ersten Zeugnisse unserer Völker sind, alle, von den Einfachsten bis zu den Stolzesten, haben wir das Glück, unsere Heimat zu erschaffen, sind alle gewissermaßen ihre Väter.« In diesem Gedicht ist von Reisenden die Rede, vom Reichsten bis zu Ärmsten, und wenn man an die gestrichenen Verse denkt, dann hat es sie alle gleichermaßen zu Seefahrt und Rückkehr gedrängt.

Auch dieses Gedicht entstammt derselben Schachtel wie die vorhergehenden.

Gedicht 12

Dieses Gedicht folgt auf einen Entwurf mit dem Titel »Die Dichtung II«, der in *Memorial von Isla Negra* als »Magnetische Kunst« veröffentlicht wurde. Er trägt das Datum 24. April 1961 und wurde in Isla Negra geschrieben. Das hier kommentierte Gedicht trägt das Datum des folgenden Tages, elf Uhr morgens. Zweifellos spielt Neruda darin auf Santiago an, wie er es 1921 vorfand, bei seiner Ankunft mit siebzehn Jahren, und ebenso auf die politischen und gesellschaftlichen Wirren zu Beginn der zwanziger Jahre. Damals war man mit berittener Polizei gegen die Demonstranten vorgegangen. Daher die Verse: »Ich rollte unter den Hufen, die Pferde/gingen über mich dahin als Wirbelwind«.

Über diese Jahre notiert der Dichter in seinen Erinnerungen: »Wir Studenten unterstützten die Forderungen des Volks und wurden in Santiagos Straßen von der Polizei niedergeknüppelt.«

Dieses und das folgende Gedicht »Trübe, traurige, tiefzarte Jugend« aus demselben Heft, am 26. April 1961 geschrieben, ebenfalls in Isla Negra, beziehen sich eindeutig auf die Jugend des Dichters. Sie waren offensichtlich für *Memorial von Isla Negra* gedacht, wurden aber nicht darin aufgenommen.

Es wurde im selben Heft entdeckt wie Gedicht 1.

Gedicht 13

Dieses Gedicht schließt sich in dem Heft an das vorhergehende an und zeigt Nerudas Skepsis gegenüber dem Buch, wie sie öfter bei ihm zum Ausdruck kommt und die man mit den Eingangsversen der »Ode an das Buch (I)« zusammenfassen kann: »Buch, so ich dich schließe, / schlag ich das Leben auf« (Übersetzung: Erich Arendt).

Gedicht 14

Dieses Gedicht wurde auf die Rückseite von zwei Programmzetteln für Konzerte geschrieben, die am 4. und 5. April 1967 auf dem Ozeandampfer *Augustus* von der Italian Line stattfanden. Somit hat Neruda es vermutlich während seiner Reise mit Matilde an Bord dieses Schiffes geschrieben, das am 31. März 1967 ausgelaufen war. Nach dem mutmaßlichen Entstehungsdatum, dem eher düsteren Tonfall und dem Thema zu schließen, gehört »Und die Pferde, wo sind sie hin?« in den poetischen Umkreis von *Die Hände des Tages.*

Gedicht 15. An die Anden

Das Gedicht, in Los Guindos geschrieben, trägt das Datum 26. April, 12:30 PM. Das Jahr wird nicht genannt, doch kann man es zwischen Nerudas Rückkehr aus dem Exil 1952 und 1954, seinem letzten Jahr in Los Guindos, ansiedeln. Zweifellos gehört es der Epoche seiner *Elementaren Oden* an. So besteht eine enge Verbindung zur »Ode an die Andencordillere« aus *Neue Elementare Oden.* In beiden wechselt die Beschreibung der Andenlandschaft mit der Verherrlichung des arbeitenden Menschen ab. Dieses Thema deutet sich bereits in »Die Höhen von Macchu Picchu« an. Kordillere und Bergbau finden sich als Themen in verschiedenen Stadien von Nerudas Werk: »Das Kupfer« und »Die Nacht in Chuquicamata« im *Großen Gesang;* »Ode an das Kupfer« in *Elementare Oden;* »Schwester Kordillere« in *Memorial von Isla Negra;* mehrere Gedichte tragen den Titel »Vulkan«, zum Beispiel in *Das entflammte Schwert.*

Gedicht 16

In Los Guindos am 13. Oktober 1954 datiert, könnte dieses Gedicht den Titel tragen »Ode an einen Frühlingstag«. Das Thema ist konkreter als in der »Ode an den Frühling« aus dem Buch *Elementare Oden,* das im Juli 1952 erschienen war. Bei Neruda finden sich weitere Gedichte zu diesem Thema, etwa »Ode an den geflügelten September« aus *Seefahrt und Rückkehr* und »Frühling in Chile« aus *Die Barkarole.*

»Tag im Frühling« fand sich in einer Schachtel, die vor allem Gedichte aus den beiden Odenbüchern enthält: *Seefahrt und Rückkehr* und *Neue Elementare Oden.*

Gedicht 17

Die Zeilen befinden sich auf den ersten beiden Seiten des Hefts, das das umfangreiche Gedicht »Die Unbegrabene von Paita« enthält, veröffentlicht in *Zeremonielle Gesänge.* Obwohl es sich als unabhängiger Text lesen lässt, war »Guten Tag, ich grüße den Himmel« vielleicht als Eingangsgedicht für »Die Unbegrabene von Paita« gedacht, worin der Dichter von sich selbst und von seiner Seereise nach Venezuela spricht, auf der auch die peruanische Hafenstadt Paita angelaufen worden war. Aus unbekanntem Grund ersetzte er es durch einen Prolog, in dem ebenfalls von dieser Seereise die Rede ist: »Von Valparaíso übers Meer. / Der Pazifik, harter Weg der Messer. / Sonne, die erstirbt, Himmel, der segelt. / Und das Schiff, vertrocknetes Insekt auf dem Wasser. / Jeder Tag ist ein Feuer, eine Krone. / Die Nacht löscht, streut, sät aus. / O Tag, o Nacht, / o Schiffe / von Schatten und Licht, Zwillingsschiffe! / O Zeit, zerfetztes Kielwasser des Schiffs! / Langsam, Richtung Panama, segelt die Luft. / O Meer, ausgebreitete Blüte der Ruhe! / Wir fahren nicht hin und nicht zurück und wissen nichts. / Mit geschlossenen Augen existieren wir.« Im Heft mit der handgeschriebenen Fassung heißt es auf der ersten Seite: »An Bord von ›Uso di mare‹, Abfahrt am 3. Januar 1959 von Valparaíso. Wir fahren nach Venezuela. Arthritis in den Knöcheln!«

Gedicht 18

Das Gedicht trägt das Datum 17. Oktober 1958. Es befindet sich in einem Heft, auf dessen Umschlag »Elementare Oden« steht und auf der ersten Seite »König der Stäbe«. Alle anderen Gedichte in dem Heft stammen aus dem Buch *Seefahrt und Rückkehr* und sind Oden: an die Wassermelone, an den Elefanten, an das Bett, an den Anker, den Stuhl und die Gitarre. *Seefahrt und Rückkehr* ist zwar Nerudas viertes Buch mit elementaren Oden, enthält jedoch auch Gedichte, die keine Oden sind, versammelt also unterschiedliches Material. »Zurück von seinem Feuer kehrt der Heizer« könnte eines dieser Gedichte sein, das schließlich nicht in das Buch aufgenommen wurde. Es zählt eine lange Reihe von Berufen auf, die jeweils zusammen mit ihren Kennzeichen genannt werden. In *Die Hände des Tages,* zehn Jahre später entstanden, findet sich das Gedicht »Weinen«, das ähnlich aufgebaut ist: »Auch meint der Mensch, / er hasse seine *tägliche* Arbeit, / sein *du sollst dein Brot verdienen,* seinen tristen Krieg, / wie der Reiche sein Goldkleid haßt, der Oberst seinen Degen, / der Arme seinen müden Fuß, seinen Koffer der Vertreter, / der Kellner seinen makellosen Schlips, / der Bankmann sein Gitter, / seine Uniform der

Gendarm, / ihr Kloster die Nonne, der Obstverkäufer seine Orange, / der Fleischer sein Fleisch, den Apothekengestank / der Apotheker, die Dirne ihr Gewerbe« (Übersetzung: Monika López).

Gedicht 19

Das Gedicht trägt das Datum Mittwoch, den 10. Januar 1973, in Isla Negra geschrieben. Es befindet sich in einem Heft, auf dessen erster Seite zu lesen ist: »Angefangen – in den ersten Tagen – des Januar – 1973 (im Bett, an der Hüfte leidend) – Buch mit dem Titel – Ausgewählte Mängel und andere – vertrauliche Gedichte«. Das Gedicht ist das erste in dem Heft. Oben links befindet sich eine Anmerkung, offenbar von Matilde geschrieben, die besagt: »Ausgewählte Mängel – durchgesehen«. Es verwundert, dass es nicht in das eindeutig dafür vorgesehene Buch aufgenommen wurde und auch nicht in einen anderen der Gedichtbände, die Neruda damals schrieb und die posthum veröffentlicht wurden. In dem Heft finden sich ebenso Gedichte aus den Büchern *Garten im Winter*, *2000* und *Das gelbe Herz*.

»Vom Abgesonderten« ist Nerudas einziges

Gedicht, in dem das Telefon zentrales Thema ist. Es gibt zum Beispiel keine »Ode an das Telefon«.

Gedicht 20

Von diesem Gedicht gibt es keine handschriftliche Fassung, nur ein Typoskript, das sich in einer Mappe mit weiteren Abschriften fand (»Ode an die Meeraalsuppe«, »Ode an den Löffel«, »An Chile auf der Heimfahrt« und »Gegenstrophe«).

»Die beiden Menschen, einsam« feiert das, was der Dichter selbst die Eroberung des »unbelebten Himmels« nennt. In anderen Gedichten wie »Der Träge« aus *Extravaganzenbrevier* spricht Neruda eher zurückhaltend über Weltraumreisen: »Unentwegt werden zwischen den Sternen / Dinge aus Metall fortfahren, zu reisen, / werden entkräftete Menschen aufsteigen, / dem sanften Monde Gewalt antun / und dort Apotheken gründen« (Übersetzung: Erich Arendt und Katja Hayek-Arendt).

Obwohl Neruda verkündete, er habe kein Interesse daran, den Planeten zu wechseln, weil er die Erde liebe, weckten die ersten Erfolge der Sowjetunion im sogenannten »Wettlauf ins All«

sein Interesse für den Weltraum, der eine neue Bühne für seine Dichtung war.

Im August 1962, auf dem Flug von Sotschi nach Moskau, verfasste Neruda einen begeisterten Artikel über die Mission der Raumschiffe Wostok 3 und Wostok 4, die unter den Piloten Andrijan Nikolajew und Pawel Popowitsch um die Erde kreisten. Neruda schreibt darin: »Die Dichtung muss nach neuen Wörtern suchen, um von diesen Dingen zu sprechen«. Dann erzählt er, dass er kürzlich in Moskau zum ersten Mal einen Blick in ein Wörterbuch mit Begriffen aus der Kernphysik geworfen habe. »Ich war erstaunt«, schreibt er, »denn außer *Atom*, *Reaktor* und ein paar anderen kannte ich kein einziges von den vielen Wörtern, die wie hermetische Säulen dies einzigartige Buch füllen. Die Wörter, die ich las und nicht verstand, wirkten auf mich eindeutig poetisch und notwendig für die neuen Oden, die künftigen Gesänge, die Dichtung, die den Menschen von heute enger an den unbekannten Weltraum binden wird (…). Diese beiden Kosmonauten, die miteinander kommunizieren, von unserem fernen Planeten aus überwacht und gelenkt werden und im unbekannten Kosmos schlafen und essen, sie sind die Entdeckerdichter der Welt.«

Neruda stellte sich den Anblick der eigenen Welt aus der Höhe vor. Einmal fragte er German

Titow, ob man Chile von oben erkennen könne. Titow erinnerte sich an gelbe, sehr hohe Gebirgszüge und sagte, das könne Chile gewesen sein.

In einem seiner Prosatexte »Verstreutes Gekritzel« vom April 1968 schreibt er: »Zwar hat Leonow nicht darüber gesprochen, als er mich in Isla Negra besuchte, doch ich bin mir sicher, die Erde war von Weitem für ihn wie ein fliegender bläulicher Riesenkäfer.« Der russische Kosmonaut Alexei Leonow, der 1965 den ersten Weltraumspaziergang unternahm, hatte Neruda ebenfalls Richtung Himmel gelenkt. Den Dichter hatte es beeindruckt, dass Leonow auch Maler war. Der Kosmonaut habe ihm erzählt, wie Neruda sich in einer Rede erinnert, die Farben des Kosmos seien leuchtend, und keine Malkunst könne sie in unsere Welt bringen. In »Der Astronaut«, dem zehnten Abschnitt von *Die Barkarole,* erzählt Neruda von einer imaginären poetischen Reise durch den Weltraum: »Ich war dort, weil man mich einlud zu einem jüngst geöffneten Stern: / Leonow hatte mir schon gesagt, wir würden durch Farben reisen / durch tiefes Schwefelgelb und Dunkelrot, wütendes Feuer aus Türkis, / einzigartige Gebiete aus Silber, wie brodelnde Spiegel«.

Der Dichter war auch beeindruckt von Walentina Tereschkowa. In der bereits zitierten Rede sagt er, die Reisen in den Kosmos seien nicht vollständig gewesen, bevor eine Frau hinauf und wieder zurückgeflogen sei: »Und dies war die schöne Kosmonautin Walentina.« In *Essen in Ungarn* bemerkt er, man könne die Kroketten, die ihm in dem Restaurant *Der goldene Hirsch* serviert worden waren, von der Astronautin zum Mars bringen lassen, und fügt hinzu: »Mit den Kroketten und Walentina werden wir die Galaxiebewohner umgarnen, und eines schönen Sonntags bestürmen den *Goldenen Hirschen* dann die Leckermäuler fremder Planeten.«

Gedicht 21

Von diesem Gedicht vom Juni 1968, in Isla Negra geschrieben, existiert ein Typoskript, das sich in einem Aktenordner mit Vorträgen, Vorworten und anderen verstreuten Schriften fand, sowie eine handschriftliche Version, die von einer Privatperson erworben wurde. Wir nehmen an, dass sich Neruda hier auf die Galionsfiguren *Jenny Lind* und *Henry Morgan* bezieht, von denen er in der Fernsehserie »Pablo Nerudas Geschichte und Geographie« von 1970 spricht.

Anmerkung der Übersetzerin:
Zu diesem Gedicht haben sich zwei unterschiedliche Geschichten angefunden, die etwas Licht auf den kryptischen Text werfen können:

Der mexikanische Journalist und Dichter Rafael Vargas hatte sich im Internet auf die Suche nach den beiden Namen Roa Lynn und Patrick Morgan begeben und war auf folgende Notiz in der argentinischen Zeitschrift *Primera Plana* vom Mai 1968 gestoßen (wie er in seinem Artikel in der Zeitschrift *Proceso* vom 17. 1. 2015 erzählt):

»DICHTER: Unbeabsichtigt und auf kuriose Weise ist der *Buenos Aires Herald* zum Heiratsvermittler geworden: Ein vor zwei Wochen veröffentlichtes Interview gipfelte in einer Eheschließung. Als Patrick Morgan am 13. April eine Reportage las, in der die nordamerikanische Dichterin Roa Lynn Lanou über sich, ihr Land und die brasilianische Favela sprach, in der sie eine Zeit lang gelebt hatte, bat er seine Sekretärin, ihre Telefonnummer herauszufinden. ›Das Mädchen heirate ich, sagte ich zu meiner Sekretärin‹, wie sich Morgan erinnert, Verkaufsleiter bei Brassovora und in seiner Freizeit selbst ein Versdichter. ›Sie entgegnete, ich sei verrückt. Das war ich nicht, ganz und gar nicht.‹ Am Dienstag, den 16., lernten sich Patrick und Roa im

Golf Club im Viertel Palermo kennen, aßen gemeinsam zu Mittag, lasen sich ihre Gedichte vor und ›verbrachten den Nachmittag damit, Shakespeare zu rezitieren‹. Am Freitag, den 19., an dem Roa eigentlich hatte nach Chile fliegen wollen, fuhr das Paar nach Montevideo und heiratete dort. Am Montag, den 22., ließ sich Roa in ihrem neuen Heim in der Hauptstadt nieder, einem Haus im Viertel Barrio Norte. Am Dienstag benachrichtigte sie ihre Eltern in Ohio mit einem Telegramm aus 30 Wörtern.«

Es ist möglich, dass Neruda aus diesem Artikel Material für sein Gedicht geschöpft hat.

Doch gibt es noch eine andere Version der Geschichte, und die stammt von Roa Lynn selbst. Im »New Yorker« schreibt sie am 6. Juli 2016 den Artikel »Pablo Neruda wrote me a poem«. Darin erzählt sie, dass sie 1968 in Buenos Aires mit Patrick Morgan zusammengelebt hatte, aber nicht als Paar. Patrick war Angestellter in einer Lebensmittelfirma, schrieb jedoch in seiner Freizeit ebenfalls Verse. Schließlich kam die Idee auf, einen zweihändigen Gedichtband zu veröffentlichen und Pablo Neruda zu überreden, das Vorwort zu schreiben.

Roa fliegt kurzerhand nach Santiago und fährt von dort aus weiter nach Isla Negra, wo sie von Nerudas Frau Matilde empfangen wird. Der

Dichter ist gerade bei einem Steinbruch, wo er den Arbeitern zusieht, doch Roa wird später zum Mittagessen eingeladen. Neruda, den sie als korpulenten Mann mit prüfendem Gesichtsausdruck beschreibt, spricht am Tisch mit ihr über sein Einreiseverbot in die USA, und sie reden über seine Diplomatenposten in Burma, Mexiko und Spanien. Als Roa schließlich ihr Anliegen vorbringt, verspricht Neruda, nach einer Siesta die Gedichte der beiden zu lesen und, sofern sie ihm gefielen, etwas darüber zu schreiben. Während Nerudas Mittagsschlaf wird Roa durch das Haus geführt und sieht auch die Galionsfiguren, die Neruda sammelt, darunter Jenny Lind.

Um vier Uhr nachmittags überreicht Nerudas Sekretärin Teresa Castro ihr die Maschinenabschrift eines Gedichts, das er für Roa und Patrick geschrieben hat. Die Gedichte hatten ihm anscheinend gefallen. Das geplante Buch beenden die beiden jedoch nicht. Ein paar Monate später kehrt Roa in die USA zurück und kommt erst nach 22 Jahren wieder nach Buenos Aires. Dort treffen sie und ihr Mann Patrick sich mit seiner Frau. Auch von dem Neruda-Gedicht ist die Rede, aber keiner von beiden kann sein Exemplar mehr finden: Es ist verloren gegangen. Patrick stirbt 2003, und bei einem Umzug 2014 stößt Roa doch noch auf das Gedicht, fast zur gleichen

Zeit, als es die Fundación Pablo Neruda in Santiago findet.

Aller Wahrscheinlichkeit nach nährt sich das Gedicht aus Themen von Roa Lynns und Patrick Morgans Texten und aus dem Gespräch bei einem Mittagessen im Juni 1968 in Isla Negra. Die vier Arme des Flusses könnten die Arme der beiden Dichter sein.

Inhalt

Die Originalausgabe erschien 2014 unter dem Titel
»Tus pies toco en la sombra« bei Seix Barral, Barcelona.

Verlagsgruppe Random House FSC® N001967

2. Auflage

Umschlaggestaltung: buxdesign | München
unter Verwendung eines Motivs von © bridgemanart.com
Satz: Greiner & Reichel, Köln
Druck und Einband: Friedrich Pustet, Regensburg

Printed in Germany
ISBN 978-3-630-87508-8

www.luchterhand-literaturverlag.de
www.facebook.com/luchterhandverlag
www.twitter.com/luchterhandlit